느티나무

느티나무

초판1쇄 발행 2025년 6월 30일

지은이 박인태
펴낸이 이길안
펴낸곳 세종출판사

주소 부산광역시 중구 흑교로 71번길 12 (보수동2가)
전화 463-5898, 253-2213~5
팩스 248-4880
전자우편 sjpl5898@daum.net
출판등록 제02-01-96

ISBN 979-11-5979-785-9 03810

정가 10,000원

한국장애인 문화예술원
이 책은 한국장애인문화예술원의 후원을 받아 2025년 장애예술 활성화 지원사업의 일환으로 발간되었습니다.

이 책은 저작권법에 따라 보호받는 저작물이므로 무단전재와
무단복제를 금지하며, 이 책 내용의 전부 또는 일부 내용을 재사용하려면
사전에 저작권자와 세종출판사의 동의를 받아야 합니다.
* 잘못된 책은 교환해 드립니다.

느티나무

박인태 시집

세종출판사

시인의 말

나의 삶은 성실한 짧은 이력서에 불과하다
천국과 지옥의 열쇠를 가진 자
십자가에서 겪은 행복한 수난처럼 하루가 간다
장미는 오후의 정사처럼 숨어 있다
화려한 웃음을 날려 보내는
찻집의 새들처럼 즐거운 대화
서로를 경외하는 연민의 사랑이
꿀과 향기를 찬물처럼 나눈다
명랑한 고독 속에
진화하는 길거리에서 만난 인연이
간단한 인사를 한다
유행 지난 옷을 버리듯이 세월이 간다
재가 될 운명을 스스로 태우는 나무에게
세상은 불꽃처럼 아름답다
우아한 하늘 약속처럼
순수한 사랑이 나를 지킨다

차례

시인의 말 • 5

**1부
노을의 거리**

15 • 노을의 거리
16 • 달의 영혼으로 흐르는 강
17 • 푸른 등이 켜진 술집
18 • 고독한 창문의 침묵
19 • 슬픔을 매장하는 검은 밤
20 • 알람브라 궁전
21 • 오래된 골목
22 • 검은 새
23 • 여기는 신의 세상
24 • 추상적인 상상
25 • 함박눈
26 • 순결한 믿음
27 • 나무와 새
28 • 성실한 하루

29 · 이상한 의문
30 · 이념주의자의 노래
32 · 하루 또 하루가 안개의 새처럼 날아간다
33 · 분홍보다 짙은 미소
34 · 별이 쏟아지는 밤
35 · 창조된 은총
36 · 낭만의 추억
37 · 잃어버린 사랑
38 · 할머니가 가신다
39 · 수평 저울의 사명

2부

느티나무

43 · 느티나무
44 · 봄과 윤회
45 · 봄비를 바라보는 꽃
46 · 꽃 물결 흘러가는 강변 마을
49 · 꽃처럼 흰 눈물
50 · 비 내리는 산길
51 · 석양의 낙동강
52 · 장미의 집
53 · 비와 가로등
54 · 흰 장미
55 · 조용한 가을
56 · 단풍 길
57 · 가을밤 편지
58 · 가을비
59 · 쓸쓸한 사랑

60 · 단풍의 나이테

61 · 비에 젖는 가을

62 · 가을 나무

64 · 고양이처럼 산책하는 가을

65 · 가을과 겨울 사이

66 · 겨울비

67 · 함박눈 그리고 새

68 · 겨울 아침 풍경

69 · 직선의 길에 숨어 있는 비밀의 문

3부
예정된 이별

73 · 예정된 이별
74 · 나의 능력
75 · 낙담의 날
76 · 목마른 물고기
77 · 뺑덕어미 연가
78 · 돌멩이처럼 무심한 상실 극복
79 · 쓸모없는 생각이 분노를 생산한다
80 · 하얀 거미줄 같은 불안
81 · 검은 단어
82 · 무소유
83 · 집으로 가는 길
84 · 어제 그리고 내일
85 · 달변의 미소
86 · 과거와 현재
87 · 애정이 꽃피는 근심 걱정

88 · 이별 편지

89 · 산비둘기의 집

90 · 불행한 추억

91 · 가로등 산책

92 · 꽃과 나비

93 · 파도의 밤

94 · 사별

96 · 안개 나라

97 · 나의 바다

98 · 몸을 바쳐 충성한 단어의 죽음

99 · 구름 속으로 사라지는 종점의 흔적

1부

노을의 거리

노을의 거리

시계탑 같은 오후의 눈동자

전세 계약서처럼 나타나는 노을
행복한 친구처럼 찾아온 다정한 불안

숲으로 돌아가는 빨간 나비
아름다운 것에도 약한 부분은 있다

차창을 스치는 가로수처럼
날렵한 기회가 지나간다

사랑의 메아리가 남긴
태양의 향기

목마른 감정의 고독한 표정

파란 도깨비 가로등 속으로
바람처럼 휘어지는 거리
나비처럼 지나가는 꽃향기 가득한 얼굴들

달의 영혼으로 흐르는 강

누구에게나 흉터 같은 상처는 있다

고독한 빗소리가 외로운 사람을 적실 때
무거운 정적의 가로등 불빛 속으로
비는 어둡게 길을 걸었다

하얀 나무의 입술이 이슬처럼 젖었다

사랑의 밀밭에서 탄생한 주문처럼
나른한 하루가 잠들고

벼가 익어가듯이 삶은 변하고
목마른 기억은 열매를 맺었다

풍요로운 계절이 문을 닫아도
꽃향기 같은 창문이 열린다

침착한 마음으로 바라보는
탐욕 없는 행복이 구름처럼 외롭다

이별 편지처럼 말라버린 갈대밭 넘어
강은 언제나 눈물처럼 흐른다

푸른 등이 켜진 술집

교차로 건너 푸른 창문
하얀 비둘기가 초대장처럼 날아온다

낡은 감옥처럼
서늘한 냄새가 나는 세월의 술집

벽에 기댄 럼주 병이 지켜보는
외로운 거울 같은 구석

유령처럼 남겨진 사랑은
화려한 접시에 담긴 망고를 먹는다

달콤한 감정의 탁자와
마주 앉은 조용한 시간의 의자

아련한 술집의 심장 속은
보라색 입술을 가진 여인처럼 우아하다

고독한 창문의 침묵

살아 있다는 것은 경이로운 체험이다
나는 제한 없는 신의 시선을 가졌지만
형상 없는 형상의 믿음이
영원한 밤의 어둠 속에서 휘청거린다
거인처럼 웅크린 그림자가 초라하다
방황하는 무한 침묵은
소리의 모습을 보여 주지 않았다
종말의 휴식조차 없는 깜깜한 공간
나무는 절망처럼 말라간다
거대한 상실 속에
영혼을 빼앗긴 하늘이 침묵하고
신에게서 온 답장 같은
죽음의 계산서를 받는다
아직 충분히 살아 보지 못한
서늘한 감정의 칼날에서 피가 뚝뚝 떨어진다

슬픔을 매장하는 검은 밤

바람이 낡은 담을 쓸고 간다
골목은 주인 없는 방처럼 조용하다

어둠을 잠들게 하는 흰 눈송이
불안한 표정으로 굽어지는 길
공포가 잠든 어둠을 바라보는 건 힘든 일이다

흔적 없는 향기
추억의 나뭇가지에 둥지를 지은 새
하얀 숨소리

어느새 함박눈은 무겁게 내리고
기억이 지워진다

해골처럼 변해 가는 나무 사이로
꽝꽝 빛나는 죽음처럼
하얀 길을 만드는 검은 밤

알람브라 궁전

궁전은 모래의 환상으로 지어졌다
사막 같은 향기가 흐른다

갈대 피리처럼 긴 대리석 복도가 맑은소리로 울린다
오아시스 벽화가 천국으로 가는 길처럼 장엄하다

왕의 방에는 탁자와 촛불의 그림자가
오래된 가구처럼 조용한 대화를 나누고 있었다
흘러가는 맑은 물과 삼나무 향기에 관한 이야기였다

아라베스크 창으로 햇살이 들어왔다

햇빛은 잠시 길을 잃었지만 아름다운 계단을 오르고
창밖의 정원을 바라보는 사막의 새처럼 조용하다

왕의 총애를 받지 못한 정원은
무심한 표정으로 꽃을 기른다

알람브라 성벽 넘어 무어인처럼 쓸쓸한 얼굴

오래된 골목

구겨진 낙서처럼 버려진 길
나비 같은 사연이 뒹군다

투명한 비늘 같은 어둠의 분노가
달의 칼처럼 골목 허벅지에 꽂혀 있다

경멸을 떠올리는 상징 같은
하얀 바람이 불었다

돌담길을 오가던 건강한 숨소리
행복한 인생의 기분이 깔린
오색 비단길이었다

무당의 동전처럼 남겨진
지나간 날은 경이로운 흔적이다

인색한 칭찬의 격려 속에 살아남은 세월

마른 이끼를 적시는 비가 시작되면
아직 숨이 붙어 있는 추억의 심장이 뜨거워진다

검은 새

검은 숲에서 날아오른 새가
하늘을 지나간다

검은 새는 무상의 공간을 날아가며
천천히 흰색으로 바뀐다

개에게는 불성이 없다*는 선사의 질문처럼
선물 상자 같은 하루의 즐거움은
어둠의 벽을 바라본다

지상의 질서를 바라보는
외눈박이 눈동자 같은 달

애벌레를 벗어 난 나비가 날아간다
사랑의 꽃을 좋아한다
그곳에 영혼의 양식이 있다

빈 바구니처럼 해탈한
나비마저 없어진다

* 조주선사의 선문답 화두 : 개에게는 불성이 없다

여기는 신의 세상

신은 말한다
나는 세상에 불을 던졌다

축복의 세상이 불타고 있다
유리잔과 포도주가 함께 불타고
즐거움과 기쁨이 타오르고 있다

허무한 눈물이 흩날리고
재와 연기로 남겨진 종착역
살아남은 생각은 외로운 돛단배처럼
상상의 돛을 펼치며 망망대해로 간다

실어 나를 항구 없는 배가
바다로 나선다

오늘도 간절히 염원하는 돌탑처럼
숭고한 기도를 보면 가슴이 웅장해진다

추상적인 상상

아담과 이브가 마주 보는 사랑은
영혼의 불꽃처럼 아름답다

라일락 향기 같은 눈동자
고양이처럼 부드러운 감각
바다가 보이는 빵집 같은 분위기

행복한 강아지 같은 날들이었지만
영원한 생명을 싫어하는 시간은
양날의 칼처럼 모든 걸 파괴한다

허상의 초상화에 금이 가고
사랑의 충성은 늙어 갔다
최면에 걸렸던 마법의 겨울도 끝날 무렵
동화 속 마녀가 거울 앞에 앉아 있다

좀 더 아름다운 주문이 있었더라면 행복했을까

함박눈

허무한 마음처럼 함박눈 펑펑 내린다
길가에서 기다리는 붕어빵 수레를 소복이 덮었다
따뜻한 입김처럼 남겨진 우체국
물방울 같은 편지를 쓴다
너의 손을 어루만지듯 하얀 주소를 쓰고
모락모락 피어오르는 차 한잔 같은 사연을 적는다
추억의 환상 같은 함박눈 펑펑 내리고
너와 함께 있어 행복하다는 마음을 전한다
행인은 젖은 빨래처럼 지나갔다
우울한 쇼스타코비치
두 번째 왈츠를 조각하는 피아니스트
손바닥 같은 함박눈 내린다
내 영혼을 부르는
따뜻한 우유 같은 눈송이
누군가 그 이름이 살아있었던 공간에서
나는 그를 본다
빛나는 환영과 사랑스러운 꽃 같은 그 사람
맑은 눈동자가 함박눈의 비밀을 바라본다

순결한 믿음

믿음은 꽃다발처럼 평화롭다

바람의 촛불은 간사하게 꺼지지만
나의 믿음은 충성하는 바위처럼 무겁다

성스럽게 장식된 성당의 기도처럼
화려한 자유의 향기

어둠의 날에도 별처럼 속삭인다

지옥의 불길 속에서도
타다남은 뼛조각처럼 아름다운
천국의 은총을 그릴 수 있다

절망의 뜰에 핀 꽃처럼
피할 수 없는 잔인한 소망

사랑이 찾아온다

나무와 새

푸른 수채화 같은 아침

태양의 나무
허공의 가지에
새는 동그란 새
지저귀는 조그만 부리를
나뭇잎처럼 흔든다

하늘 메아리 날아가는 들판
꽃과 나무와 새가 춤춘다

허공에 핀 감성의 꽃처럼
바람 위를 걸어가는 표정들
단순한 행복
사랑의 감정이 하얗다
파란 심장을 가진 맛있는 케이크처럼
의심 없는 눈동자

흘러가는 강물은
자신의 꿈을 계산하지 않는다

강은 이미 만들어졌다

성실한 하루

꿀벌이 집으로 돌아가는 오후

흰 연기가 피어오르고
영혼은 풍향계처럼 밤을 맞이한다

어린 꿀벌은 숲의 사랑을 적었다
해야 할 일의 목록이 감동의 항아리를 채운다

늙은 새는 삐꺽거리는 날개를 접으며
스스로 소멸해 가는 육체를 위하여
포기해야 할 절망의 경고장에 붉은 사인을 한다

검은 밤
불 켜진 두 개의 창문이
꿈속의 별자리를 기록한다

이상한 의문

화장실에서 악어처럼 우는 사람의
속 사정은 무얼까

가장 화려하게 차려입은
여인의 품위는 어디서 보상받을까

수많은 오류의 비명과 함께
잿더미 속에서도
무너지지 않는 종교의 힘은 무엇일까

가난한 식탐과 청빈의 화신이었던
위대한 사람의 돼지 같은 비리는
어떻게 된 영문일까

참새처럼 몰려다니는 한 끼의 식사는
정당한 판단인가

양파처럼 가벼운 질문이 실망의 문을 열면
나의 세상은 신의 왼손처럼 한쪽 눈을 가린다

이념주의자의 노래

그의 문장은 상당히 난해하다
대단히 먼 이미지를
퍽퍽하게 굴려 가며 글을 썼다

고래 한 마리를 두고도
꼬리 설명에 세 시간을 넘긴다
고래는 고래일 뿐인데
숨은 점선처럼 그려진
확신에 찬 이념

사진 한 장이면 간단한 것을
권력의 끝말잇기 놀이처럼 타당성을 강조한다
필요하다면 고래의 비늘만큼 빽빽한
역사적 상관성과 논증의 그물을 던졌다

고래에게 일생을 바친 그의 정신은
바벨탑처럼 무너지지 않는다
평생을 개척한 고래의 길
돌아갈 길이 없기 때문이다

모자이크 고래
지구에는 살지 않는 종이 태어나고
희망이 생선 대가리처럼 버려진 도시

검은 하늘에 낮달이 비명처럼 걸려 있다

하루 또 하루가 안개의 새처럼 날아간다

무거운 욕망이 수심 없는 허공에
닻을 내린다
죽음이 바라보는 창문에
저승 같은 흰 달이 뜨고
새벽 북소리처럼 찾아온
희망의 친구가 문을 연다
나의 상상력은 너무 가벼워
낙엽 같은 감정은 바람에 흩날리고
골동품처럼 버려진 과거에서
하루의 생계를 줍는다
아카시아 향기 같은 아침
무뚝뚝한 상수리나무처럼 하루가 걸어 온다

분홍보다 짙은 미소

너의 미소는
황혼의 메아리처럼 아름답다

재스민 향기 흐르는 눈동자
자장가처럼 부드러운
사랑을 바라본다

금지된 침묵처럼 별들이 반짝이고
배신을 허락하는 풍요로운 밤

건널목에서 기다리는 맑은 하늘
아름다운 질문처럼

인생은 행복하다

별이 쏟아지는 밤

가벼운 바람은 나무 품에 안겨 잠들었다

촛불 같은 감정이
침착한 슬픔을 데려온다

생각은 살얼음처럼 나타나
저 자신을 괴롭힌다

꿈의 상처에서 흘러나오는 비명

악몽의 늪을 건널 때마다
헌신적인 충성을 바쳐야 할
나의 생각은
오히려 가난한 괴물이 되어
저 자신을 괴롭힌다

창조된 은총

봄바람처럼 모두 착한 건 아니다

바람의 낙엽처럼 날아가는 것들
날카로운 북풍
스스로 절규하는 까마귀
눈보라처럼 휘날리는 운명의 종소리
가난한 벽을 채운 낙서 같은 담쟁이넝쿨
탬버린처럼 구겨진 목소리
멸치 그물처럼 흐린 하늘

햇살의 여백을 찾아가는 희망이
하염없이 무너지는 공간

맑은 눈물로 침착하게 뒤돌아보면
모두 창조된 은총의 날이었다

바다에는 황무지가 없다

낭만의 추억

인생은 색종이처럼 화려하다

계절의 책갈피마다
사랑을 채웠던 낭만 처녀

한평생 모아온 할머니 재산
정성스러운 삶을 장식한 단풍잎

망자를 위한 지폐처럼
꽃의 낙엽을 태우면
청춘의 향기가
흰 구름처럼 흩어진다

겨울 하늘을 맴도는 앙상한 눈동자

구름에 실려가는 연정의 편지처럼
외로운 새들이 남쪽으로 날아간다

잃어버린 사랑

들판에 홀로 선 황소처럼 남겨진 저녁
잃어버린 사랑이 아련한 하늘로 흩어진다

상실의 공포가 허둥대고
돌탑처럼 무너지는 감정

미련한 석양이 뿌려 놓은 꽃잎 사이
청산되지 못한 후회가 향기처럼 퍼진다

아무도 기억하지 않는
공허한 상처가
사랑의 빈 상자를 가진 자의
치욕으로 남아
죽음의 새처럼 지평선을 날아간다

할머니가 가신다

어쩔 수 없는 일이다
이젠 걷기도 힘든
할머니가 가신다
뒤따라가는 눈물이 잡지 못한다
가장 영화로운 날을 기억해야 하는
할머니가 가신다
생각하지 않으려고 노력한다
눈물의 수렁 같은
할머니를 따라가지 않으려고
오른쪽 신발을 신지 않았다
빗방울이 눈물처럼 흩날린다
죽은 나무는 없다
비에 젖는 가을처럼 여행을 떠난다

수평 저울의 사명

거대한 바위가 석공의 망치에 쪼개졌다
돌은 사람의 질서에 따라 나누어져
아름다운 길을 만들었다

돌은 망치의 땀방울로 분열되었다

부유한 명품이
권세를 뽐내며 길을 걸었다
석공의 노동은
굶어 죽지 않을 만큼 빵을 얻었다

석공은 망치처럼 저의 일을 다 하였다
사치는 명품으로 저의 일을 다 하였다

하늘과 땅의 충고처럼
행위가 나를 자유롭게 한다
잘라야 하는 소명을 가진
칼은 날카로워야 한다

느티나무

느티나무

나무는 백지처럼 하얗다

친절한 세월은
태풍의 계절마다
위험한 가지를 잘랐다

상처 없는 햇살은 상냥한
꽃을 키웠다

비바람을 피하여 날아온 새들은
평화를 찾는 세월의 시계추처럼
왔다가 갔다

새들에겐 불평불만 같은 단어를
낭비할 공간이 없었다

아름다운 질서를 위한
색조 화장 같은
영혼의 느티나무가 있다

봄과 윤회

다시 꽃이 피었다

텅 빈 바람의 길목으로
꽃은 변함없이 나타났다

수평선을 걷는 나는
계절의 이정표를 세우고
다시 돌아온 기억의 경고문을 바라보며
치매처럼 깜짝깜짝 놀라곤 한다

동그랗게 돌아온 봄
아름다운 꽃이 하늘을 덮었다

측량하고 계산한 예상대로라면
나는 걸음마다 동그랗게 늙어 간다
그러나 늙은 꽃은 없다

봄비를 바라보는 꽃

빨간색 속으로 스며드는
하얀색처럼 세월이 간다

새와 고양이가 마주 보는
죽음의 시선처럼
공간의 감정은
쉽게 잡히지 않았다

종소리처럼 퍼지는 허공

사랑이 발생한 시간과
사라진 시간의 경계를 모른다

쉽게 기억을 상실하는 비둘기처럼
조용한 빗방울이 날아다닌다

꽃 물결 흘러가는 강변 마을

1. 예언의 운명

구름 같은 아름다움을 위해 꽃은 일생을 바쳤다
친절한 꽃이 되기 위해 순결한 낙엽처럼 웃었다

빨간 장미 동산에 흰 장미는 변종이었으며
미운 오리 새끼는 소외되었다

태양이 멍청한 날의 언덕을
부지런히 넘었을 때
백조가 된 미운 오리는 우아하였으며
흰 장미는 사랑의 화신이었다

고독한 삶의 난투극에서
포기하였든 포기하지 않았든
우리는 모두 완벽한 꽃이다

천국의 정원을 장식한 한 송이 생명이다

2. 방황하는 꽃 마을

꽃은 자신을 지키기 위해 거짓말에 능숙해진다

진실의 벽은 커튼 속으로 사라지고
달콤한 아이스크림 같은
욕심이 흘러내리는 얼굴로
터무니없는 감정을 따라다녔다

공간의 마술처럼
붉은 꽃은 순식간에 황금꽃으로 변했다

의도적 왜곡인지
정직한 확신인지 바보 같은 자신도 몰랐다

꽃의 시간이 모닥불처럼 꺼지면
검은 잔해 위로
사랑은 그물 같은 눈물을 던진다

3. 충만한 사랑

더 가까울 수도
더 멀 수도 없는
파란 하늘

사랑하는 나의 감성은
환상처럼 하늘 손을 잡는다

꽃향기 물결이 밀려왔다

꽃은 즐거웠다
그 순간만큼은 가득 채워진
존재의 소중함을 느꼈다

눈부시게 충만한 사랑
따뜻한 마음을 가진 우리는 이미 알고 있다

꽃처럼 흰 눈물

멍든 슬픔
굳게 닫힌 장미 입술이 풀리고
꽃 같은 눈물이 흐른다

절망 속에서
희망을 찬송하는 나의 고통은
기도처럼 침착하다

길 잃은 영혼을 위한 가로등
사랑은 달을 띄운다

시무룩한 하루에게 인사하는
친절한 레몬처럼
차가운 바람이 불었다

촛불처럼 녹아 사라지는 감정

앙상한 나뭇가지처럼 남겨진 사랑은
영혼의 성장을 위한 간식이었다

비 내리는 산길

부드러운 하늘 목소리
토닥이며 나뭇잎이 젖는다

나무와 이슬비가 조용히 우는 동안
새들은 침묵했다

잔인한 행운의 새
외로운 소쩍새와 걷는 산길

오후의 정사를 위해 문을 여는 술집처럼
구름은 산마루에 집을 짓고

어린 꽃향기가
소금보다 다정한 손길로
나를 위로한다

석양의 낙동강

친절한 하루에게 바치는
상냥한 꽃처럼
강나루에 석양이 피었다

저의 일을 다 한
성스러운 오늘의 약속이
집으로 돌아간다

사랑하는 나의 어린 하루였다

오리 궁둥이처럼 뒤뚱거리며
인생이 걸어간다

강과 바다와 하늘
하나인 공간에 세 개의 달이 뜬다

장미의 집

화려한 꽃 물결
흘러가는
버드나무 삼거리

사랑의 미소처럼 아름다운
푸른 창문

휴식 시간처럼 바람이 불고
나뭇잎 사이 날아다니는 웃음소리

간지러운 눈웃음 속에
나비는 창문을 연다

미로처럼 현란한
장미 얼굴이 나타나고

비밀의 시간을
낭만적으로 쌓아 올린 돌담이
꽃을 기다린 남자처럼 웃는다

비와 가로등

하늘이 동굴처럼 어둡다

침묵의 촛불
유리창에 비바람이 몰려온다

오랜 친구
꽃은 나무의 집을 방문한다

비는 어둠처럼 내린다

당신은 월요일처럼 친절한 분이군요
흑진주처럼 속삭이는 꽃의 목소리

물방울처럼 창백한 길이
숲속을 걸어가고
비의 가로등처럼 꽃이 빛난다

흰 장미

순결한 단어처럼 눈부시다

정의로운 말은 사라지고
믿음의 언어는 혼란한 정원
사랑을 강조하는 목소리
수도원에서 태어난 기도처럼
가난한 손을 가진 나무는
겨울의 죽음을 충분히 맛보았다

속절없는 세월이 남기고 간
멍청한 주름살처럼
메마른 땅을 구르는 바람

절망 속에서 빛나는 흰 장미

한 줄기 빛처럼
지상의 메타포가 지나간다
그렇다
나 역시 빛이다

조용한 가을

슬픈 나비처럼 여름이 떠났다

양철 지붕을 두드리던 뜨겁던 합창 소리는
길고양이처럼 사라졌다

멍청한 생각이 나뭇잎처럼 떨어지고
나무는 창문을 연다

열매의 방을 채우는 푸른 기도
고독한 땀방울을 위로하는 햇살

하늘을 날아가는 새가
깡통처럼 허전해 보이는 가을

신성한 풍경이
도살을 끝낸 칼의 눈빛처럼 쓸쓸하다

단풍 길

철새 떠난 슬픔이 문을 여는
황홀한 무대

황금 가로등처럼 빛나는 길
아무도 침묵의 깊이를 모른다

안개처럼 퍼지는 향기
화려한 유혹 속에서 나는 길을 잃었다

지나간 기쁨과 배신의 벽에 부딪혀
진실을 궁금해하는 희망은
진달래처럼 고통을 이겨냈지만

엽서처럼 날아온 예쁜 미소와
아름다운 눈물 사이
우리는 별처럼 멀어져 간다

가을밤 편지

순결한 가을

푸른 달이 뜨고
개들이 망치처럼 짖었다

악마의 잔처럼 남겨진 파란 장미

쓸모없는 외로움이
연인처럼 만나는 시간

적막한 밤의 목구멍 속에서
오색 찬란한 술이 청순하게 불탄다

영혼의 칼이 부러진 권력처럼
인생은 초라하다

가을비

화려한 거리에 비가 내린다

첫사랑이 쓰러졌던 가로수 아래
유령처럼 나타나는 슬픔

싸늘한 비에 젖은 배신의 길
우산 없이 걸어가는 뒷모습이
화가 난 목소리처럼
꽃의 거리를 흔들었다

차가운 물처럼 흘러가던 그날
내 영혼에 남겨진 초상화처럼
절제된 원망이 죽은 청춘에게 꽃을 바친다

명랑한 거리에 오늘도 비가 내린다
휘날리는 감정의 물방울이
텅 빈 눈동자처럼 허전하다

쓸쓸한 사랑

새벽 창문에 비친
싸늘한 얼굴

파란 바람이
여왕의 마차처럼 지나가고
노란 은행잎은
산비둘기처럼 바라본다

소리 없는 낙엽이 흩날리는
조용한 이별

징검다리 같았던 날이 가고
길은 접시꽃처럼 휘어진다

사랑의 그림자 흩어지는 포도밭 지나
운명의 미래는
자신의 모습을 상상하지 않는다

단풍의 나이테

나무는 추억의 문신을 동그란 심장에 새긴다

붉은 감정이 머무는 영혼의 표정
만년을 견딘 사막의 암각화 속에
우뚝 선 기린의 초상처럼
죽은 자의 눈동자에 새긴 사랑

나이테 속에는
하나의 인격만 있는 것은 아니다

수없이 지나간 날들
나무 그림자는 시냇물처럼 졸고
여행자의 바람이 향기처럼 머문다

영원한 기억의 숲속에서
부서진 사탕수수 같은 사랑은 없었다

비에 젖는 가을

유리창에 쓴 시의 제목처럼
흘러내리는 빗방울

적막한 감정처럼 굳게 닫힌 창문 넘어
오후 다섯 시처럼 벌거벗은 나무
풍경의 메아리가
가벼운 추위에 떨고 있다

침묵이 부르는 적막한 노래처럼
비가 온다

하늘 종점에 멈춘 구름
줄지어 서 있는 가을 그림자
싸늘한 심장

운명의 마지막 날 같은 풍경
주인집 여자는 하늘나리처럼 잠들었다

가을 나무

쓸쓸한 바람이 밤의 골목을 지나간다

망토처럼 긴 그림자
인적없는 거리
유령도 집으로 돌아가고
아련한 통증이 모퉁이처럼 서 있다

등을 보인 나무는
스스로 그리움의 정체를 숨긴다

검은 물감처럼 밤의 적막함이 퍼지고
달의 오두막에서 바람과 나뭇잎이
마지막 밀회처럼 흔들릴 때
푸른 그림자는
손가락처럼 가냘픈 새를 지운다

제비꽃 입술 위에 남겨진 향기
슬픔처럼 앙상한 눈동자
검은 심장

초상화처럼 남겨진 가을밤
나무는 스스로 폐허가 된다

고양이처럼 산책하는 가을

산들바람처럼 풍요로운 밤
붉은 가로등이 부엉이처럼 노래한다

단풍 숲 너머 환상 같은
아련한 이별이 날아가고
잠든 너의 얼굴 위로 밤이 내려온다

나비 향기처럼 은은한 구름의 노래는
당신에게 전해져야 해요
꽃이 속삭인다

가벼운 북풍은 불안한 방랑자처럼
쓸쓸한 거리를 방황한다

투명한 배신처럼 별이 떨어지고
친절한 세월의 열차가 지나간다

어느 거리에서 잃어버렸는지도 모르는
미련 없는 인연이 흘러간다

가을과 겨울 사이

그해 여름 지독한 악당처럼 뜨거웠던
태양을 피해 그늘을 밟고 다녔는데
가을은 지옥의 영혼처럼
그늘을 차갑게 하고 겨울 햇살을 쫓아간다

시간은 계절의 망각 속에서 길을 잃었다
죽음이 문 앞에서 기다린다

나는 무엇을 기다리는지도 모르는
이름 없는 아이처럼 남겨졌다

살아남은 공간 속에
피라미드 환상처럼 남겨진 이름
가족과 사랑과 명예를 따라 지나온
한 시절 나의 역할 같은
나는 무엇이었다는 이름의 존재였다

마침내 내림차순으로 정리된 생각을 지우면
하늘과 땅 사이 나는
이름 없는 영혼처럼 홀로 서 있었다

겨울비

안개의 메아리처럼 차가운
비가 온다

폐가의 뒷마당에 피어있는
무심한 꽃처럼
어둡고 축축한 물방울 날린다

가을의 슬픔을 적시는
푸른 눈동자

빨강의 추억을 불러내는 주문처럼
하얀 목소리

저승처럼 차가운 비가
영혼 없는 나뭇가지를 적신다

함박눈 그리고 새

함박눈 펑펑 내린다

검은색 종이 위를 날아다니는 영혼
질서 없는 생각이 가혹하게 뒤엉킨다
무서운 하늘

사막을 횡단하는
맨발의 베두인처럼 떨고 있는
지상의 하루

검은색을 지우는 흰색 눈이 쌓인다

운명의 예언자처럼
겨울 가지에 앉아 눈을 맞는
동그란 새

죽음의 경계선 같은 풍경
절망이 눈에 묻힌다

겨울 아침 풍경

서늘한 마법의 문을 열면
싸늘한 향기가 밀려왔다

지평선에는 황금 목도리 같은 여우가 서 있었다
겨울 향기에 취한 새들이 노래 불렀다

지난밤 눈보라의 난투극이
역사의 잔해처럼 쌓여 있다
바람처럼 부러진 칼과 창이 눈 속에서 반짝인다

선량한 기쁨이 바라보는 천국의 아침
둥지 없는 절망이 하늘처럼 잠들었지만

착하거나 나쁘거나
삶에 대한 아름다운 설명처럼
모두 선한 결과를 꿈꾸었다

직선의 길에 숨어 있는 비밀의 문

길은 열려 있었다

사람은 인형처럼 걸어왔다
절망을 메고
고통에 익숙한 표정
이미 무책임한 침묵이 편안하다

희망을 따라가는 직선의 길이
모퉁이처럼 휘어진다
삼각형 진주처럼 어려운 감정을
위로하는 새소리

순결한 생활은 바다 신앙처럼 걸어가고
성스러운 피가 달의 계곡으로 쏟아져 내린다
우울한 사이렌 소리가 겁먹은 얼굴로 달려갔다

아름다운 낙서 같은 꽃길이었지만
뒤돌아보면 나를 따라오는 날은 없었다

3부

예정된 이별

예정된 이별

요란한 햇살이 달려가고
낡은 표지판 위로 낙엽이 매연처럼 날린다
이제 내가 기억하여야 할 얼굴은
모두 사라졌다
허공에서 부딪힌 새처럼
우연히 만난다 해도 당황하지 않는다
그들은 죽은 사람이다
행운이 떠난 거리
적막한 여운이 맴도는 가로수 창문
공허한 망각의 그늘
죽은 풀잎의 노래
우리는 아무것도 적혀있지 않은
명함을 서로 건네며
흰 까마귀처럼 정중한 인사를 나눈다

나의 능력

보물 상자처럼 설레는 세상의 풍경
신이 창조한 천국의 벌판에서
나의 재주였다고 주장할 것이 하나도 없다
하얀 식탁을 장식한 장미처럼
순결한 풍경은 늘 제 자리에 있었다
검은 발자국 같은 나의 행위가 폐품처럼 뒹군다
자랑스러웠던 나의 영광은
타다 남은 장작처럼 순수한 너에게 진 빚이었다
나의 소유는 멍청한 고집과 허망한 주장뿐이었다
사막을 건너는 낙타의 운명 같은
쓸모없는 감정 하나였다
겸손한 계절이 구름처럼 지나가는 풍경이었다

낙담의 날

실패한 영혼의
우울한 눈동자는 보고 싶지 않다
까마귀처럼 청승맞은
사랑의 뒷이야기도 듣고 싶지 않다

뼈만 남은 욕망
화려한 슬픔이 부서진다

마지막 사랑을 구걸하는
초라한 기억은 추방한다
가거라 멀리 가버려라
희망의 샘물을 더럽히지 말라

쫑알거리는 새처럼 비가 내렸다

연민 없는 사랑은 무심한 비에 젖고
하늘은 자리돔을 유혹하는 그물처럼 흐리다

목마른 물고기

물속의 물고기가 목말라한다는 소리를 듣고
나는 웃었다 〈잘랄앗딘 루미〉

자리돔처럼
목마른 물고기가 출근한다

큰길로 나간 검정 양복처럼
줄지어 간다

골목 자전거처럼 한가한 낙지를 부러워하며

아직 태평양의 물은 먹지 못했다
남극은 멀고 멀다
하늘은 누구의 천국인가
목이 마르다
까마귀 은행나무처럼 목마르다

목숨처럼 타오르는 생명의 불을 지키며
나의 영혼은 스스로 감격한다

뺑덕어미 연가

그 꽃은 양귀비
첫눈에 하늘이 파랗게 떨었고
나비는 정신을 잃었다

하늘 아래 하나뿐인 미모의 접시였지만
무당의 점괘에 새겨진 팔자는
철새를 따라다니는 겨울을 위로하지 않았다

부귀영화가 낙서처럼 흩어지고
청춘은 노점상처럼 쫓겨났다

걸쭉한 입담을 가진 소라 껍데기 같은
여인이 나타났다

의미 없는 것들은 가라

가난한 팔자는 이빨 빠진 사기그릇처럼
불만족한 식탁을 뒹굴었다

그 꽃은 양귀비
별의 심장에 붉은 경련을 일으키던
아름다운 처녀였다

돌멩이처럼 무심한 상실 극복

휴일 종소리처럼 비가 내리고
계산이 끝난 이별이 슬픔의 문을 닫는다

안개의 철책 넘어 달아나는 나무
쫓아 가는 흰 목소리

새벽 커피처럼 눈을 뜨는 영혼이
새로운 길을 찾는다

달의 철로를 달려온 황폐한 시간이 도착하고
수천수만의 유채꽃이 동시에 발산하는
생명의 향기

이별은 미완성도 종착역도 아니었다
방랑자처럼 무심한 강물이 흘렀다

이웃 마을에서는 싱싱한 상추 같은
포도밭 축제가 풍성하다

쓸모없는 생각이 분노를 생산한다

지친 너를 맞이하는
영혼의 불꽃 같은 문장

나의 말은 너를 위해 존재해야 한다

화장으로 감춘 얼룩이 문신처럼 새어 나오는
저 얄팍한 행동

청명한 하늘 낮달은
왕의 식탁에 놓인 접시처럼 쓸쓸하다

떠나간 것은 북극 언저리 어느 마을
누군가의 한 끼 식사가 된 기러기처럼
돌아오지 않았다

기다리는 쪽으로 해는 오지 않았고
사랑을 찾아 떠나는 문이 열린다

하얀 거미줄 같은 불안

밤을 지키는 두 개의 촛불

그늘에 숨은
정교한 함정

이름 없는 낡은 찻집
조그만 어둠의 거래

현란한 유혹
죽음에 가장 가까운 허공

행복한 영혼의 전당포
꿈의 생명이 환상처럼 사라진다

아주 가끔
거미처럼 여덟 개의 운명을 피해
지옥에서 살아 돌아온 자도 있다

검은 단어

건드릴 수 없는 고통을 좋아한다

포도밭을 방황하는 여우처럼
사랑은 굶주렸다

이방인의 슬픔처럼 열린 직선의 길
아무도 찾지 않는 고독한 명품
깨진 접시처럼 난폭한 표정
비명의 속살 같은 분노

깃털처럼 돋아난 검은 단어는
나의 심장
나의 날개가 되어
검은 하늘
검은 들판을 날아다닌다

무소유

나에게는 쉽게 팔아 버릴 평범한 것이 없다

표준과세처럼 정리된 재산은
가난에 지친 청렴한 밥그릇과
낡은 구두처럼 쓸모없는 경력이 전부이다

아무도 궁금해하지 않는 세월의 이력서는
골동품처럼 뒹굴었다

처음부터 나의 소유는 없었다
무소유는 가진 자의 소행이다

보름달을 무서워하는 그믐처럼
연약한 감정

고향 없는 철새를 닮아
나의 몸은 주인 없는 방처럼 가볍다

집으로 가는 길

그림자 골목
어두운 길
무심한 달이 귀뚜라미 노래처럼 걷는다

잠든 갈대의 창문을 여는 눈치 없는 가로등

누군가의 영혼이 깨어있는 달의 창가에서
흘러나오는 아름다운 목소리

구름의 강을 헤엄치는 물고기처럼
그때 나는 비로소
돌아갈 집이 없음을 깨닫는다

달의 호수를 방황하는 백조처럼
거대한 상상이 만들어 놓은
안식의 공간 속에서 나의 영혼이 맴돈다

어제 그리고 내일

죽음이 자신의 돌탑을 쌓는 동안
생명의 겨울이 단단하게 얼어 간다

황무지처럼 적막한 오후
사랑은 낡은 인형처럼 찢어진 상처를 깁는다

지나온 날은 영안실에 누웠다
빈 복도를 울리는 늑대의 울음소리
안개 속에서 슬프지 않은 것은 없다

구원은 가까이 있다
성스러운 야곱의 사다리처럼
사랑의 문이 열리는 오늘

무한 허공 같은 사막의 낙원으로
낙타가 된 내가 걸어간다

달변의 미소

잔주름 하나 없는 매끈한 뱀처럼
달변의 혀가 갈라진다

진실을 알면 그다지 사랑하지 않는
풍성한 조화 사이로
죽은 자의 미소가 걸어 온다

질서와 균형을 강조한 역사처럼
합리적인 장식이었지만
처음부터 나에게 맞지 않는 쓰레기였다

달변의 휘파람 소리를 따라
우리는 스스로
논리적인 감옥의 문을 연다

과거와 현재

추억의 신사가 찾아왔다

기쁨과 슬픔이 섞인 꽃다발 들고
친구처럼 방문한다

격렬한 애정 속에 우리는
검은 종이처럼 구겨져 뒹굴었다

영혼을 깨우는 정오의 종소리
홀로 앉아 있는 빈방
현실 같았던 생각은 흔적이 없다

몽롱한 현재
사슬처럼 이어진 시간을 끊고
이 순간을 바라본다

찬물처럼 침착해지는 그때와 지금
나는 완벽하게 다른 영혼
다른 사람이었다

영혼도 아이처럼 키가 큰다

애정이 꽃피는 근심 걱정

오렌지처럼 뜨거운 날
검은 그물은 던지지 말자

내가 염려하는 것은
그 이상으로 행복하다

연민의 애정이란 명분으로
과도한 물은 뿌리지 말자

내가 걱정하는 것보다
사랑은 튼튼하다
쉽게 꺾이는 꽃은 없다

산만한 생각은
허무한 절망처럼 찾아와
난폭한 유령이 되어 저 자신을 괴롭힌다

근심 걱정과 친하진 않지만
우울한 날이면
시어머니처럼 나타난 잔소리가
검은 방을 뒤진다

이별 편지

가로등 그늘에 앉아
낙엽은 달의 연필로 편지를 쓴다

너는 목련꽃 같은 흰 등불이었다

사연 많은 철새가 야반도주하고
개들은 신호수처럼 짖었다

바람이 데려가는 갈대의 속삭임
상실은 푸른 종이처럼 차갑다

싸늘한 밤이 풀어 놓은
저주의 미소가 별처럼 반짝인다

달그림자 사이로
어둠의 사냥꾼이 몰려온다

산비둘기의 집

석양의 책을 열면
남풍의 창으로 황새가 날아간다

침묵의 숲
분홍의 연서처럼
아름다운 산비둘기 둥지

거미줄에 걸린 포로를 향한
자비로운 눈동자 같은
은혜로운 미소

행복을 보장한다는
보험계약서처럼 두꺼운 입술

산비둘기의 집은 조용하다

첫사랑이었던 북풍이
멀리서 추억의 손을 흔들었지만
새는 오두막을 벗어나지 않는다

불행한 추억

주인 없는 통장처럼
아무도 찾아가지 않는 기억
열린 상처에서 흐르는 무서운 향기
고요한 절망의 노래

폐허의 그늘을 맴도는 햇살의 종소리처럼
잊어달라 부탁해도 고집 센 추억은
외로운 돌담을 떠나지 않는다

과거의 물결에 잠겨
현재의 공간이 초라해진다
기쁨이 차지할 자리가 없어졌다

허상의 실체는 잔인하다
지나간 아픔이 주춧돌 같은 교훈은 될지라도
흔들리는 기둥이 될 수는 없다

파도는 추억을 간직하지 않는다

가로등 산책

무책임한 추억처럼 길을 만드는
침묵의 가로등

화려한 기억이
따뜻한 미소로 걸어 온다

어둠의 최면에 걸린 새들이
나뭇잎처럼 뒤척였다

달빛 조각 조용한 불빛마다
재스민 향기가 피어난다

책임지지 못한 사랑의 밤이
현란한 향기 속으로 사라진다

창문으로 몰려드는 다섯 마리 새처럼
사랑이 말라 버린 마디마디 외롭다

꽃과 나비

꽃과 나비가 방앗간 풍문처럼 만난다

사랑의 향기
꽃을 바라보는 나비에게
새들의 사랑방
올리브 나무는 무의미하다

꽃은 나비를 바라본다
화려한 자유
낭만을 즐기는 인생
나비의 포로가 된 꽃에게
잠자리는 물처럼 흘러가는 풍경일 뿐이다

우리의 영혼은 사랑에 감염되었다

서로를 향한 감정이 심하게 중독되고
꽃과 나비는 순결한 사랑이 된다

파도의 밤

파도의 바람이 분다

잠들 수 없는 누군가의 손길처럼
창백한 바람

어두운 바다
깜깜한 바람이 분다

바람이 몰고 온 기억은
잠든 영혼을 깨운다

부서지는 파도에 실려 오는
소금처럼 낡은 추억
고독하게 살아남은 생각

어쩌면 지금 이 순간은
미래에서 부서지는 과거처럼
나만의 외딴섬인지도 모른다

괴물 같은 밤
바다가 무서운 개들이
달이 빠진 수평선을 향해 짖었다

사별

새들이 날아가는 오후의 건널목
따뜻한 봄처럼 꽃은 홀로 서 있었다

구름 같은 부고장이 화물열차처럼 지나가고
굵은 이름 하나
생사는 낡은 돌탑처럼 무너진다

인연의 꽃잎 같은 운명으로
함께 흘러 멈춘 이곳
가장 작은 꽃이 넓은 향기를 채운다

세월은 까마귀처럼 벽을 세웠다
인적없는 한숨이
그 많은 환상의 그림자를 짊어지고 떠난다

그토록 아름다웠던 청춘의 봄날
우리가 낯선 골목처럼 깜짝 놀라
만나지 않았더라면 더 좋았을까

허무한 하늘

삼월에 눈을 뜨는 나무가
스스로 감동하는 계절이었다

안개 나라

안개 속에서는 누구라도 유령이 된다

달의 치맛자락처럼 하얀 물방울 공간
감각은 처음처럼 영혼의 손을 잡는다

검은 나무들이 불쑥 나타나
행인처럼 인사를 하고
하얀 어둠 속에서 개 짖는 소리
북소리처럼 달려온다
쫓기는 고양이는 빠르게 나타나
다시 흰 공간으로 사라진다

안개 속에서는 누구라도
마음과 동행한다
상상이 만나는 영혼처럼
존재가 있으면서도 없는 눈부신 상태

안개 속에서 나타나는 것은
오월의 새처럼 푸르다

조각 난 태양의 언어들이 비늘처럼 날린다

나의 바다

사랑이 푸른 메아리처럼 날아다닌다

흰 물결의 열차를 타고 달리는
즐거운 희망처럼 물고기가 뛰어오른다

태양의 돛을 펼친
두려움 없는 눈동자

따뜻한 그리움이 퍼지는
신비로운 공간

해무의 갈매기처럼
화려한 향기가 날아간다

낙타가 시를 쓰는 사막의 발자국처럼
바다는 사랑을 폐품처럼 버린 적이 없다

사랑이 파란 죽음을 스쳐 지나간다

몸을 바쳐 충성한 단어의 죽음

들판에 버려진 녹슨 철모 같은 문장

단어의 깃발을 몰고 다니는 까마귀 떼가
깊은 구멍처럼 무섭다

금덩어리처럼 빛나던 사상은
돌덩어리로 판명되었다

신판의 차가운 목소리처림 꽃이 떨었다

어두운 하늘
하얗게 밤을 새운 수평선이
칼날처럼 푸르게
여명의 눈을 뜬다

이름 없는 노예의 죽음처럼
하찮은 분노였다

구름 속으로 사라지는 종점의 흔적

죽음이 창문을 두드린다

사랑은 영원한 이별을 한다
손을 잡고 있을 시간마저 촉박하다

마음이 구름처럼 흩어지는 순간
뼈를 발라버리는 칼처럼 차가운
증오의 문장은 쓸 수 없다

조금만 더 집중하면
사랑의 편지를 끝낼 수 있을 것 같다

후회와 미련
부서진 꽃의 잔해처럼
죽은 자의 편지는 늘 같은 내용이었다

허공에서 절규하는 조용한 메아리
고통은 백지처럼 차갑다